Je peux faire
DOUZE

CHRISTINA EARLEY

Un livre de la collection
Les racines de Crabtree

CRABTREE
Publishing Company
www.crabtreebooks.com

Soutien de l'école à la maison pour les parents, les gardiens et les enseignants

Ce livre aide les enfants à se développer grâce à la pratique de la lecture. Voici quelques exemples de questions pour aider le lecteur ou la lectrice à développer ses capacités de compréhension. Les suggestions de réponses sont indiquées en rouge.

Avant la lecture

• De quoi ce livre parle-t-il?
  - *Je pense que ce livre parle de faire un ensemble de douze.*
  - *Je pense que ce livre parle de faire des additions jusqu'à douze.*

• Qu'est-ce que je veux apprendre sur ce sujet?
  - *Je veux apprendre comment additionner jusqu'à douze.*
  - *Je veux apprendre différentes façons d'arriver à douze.*

Pendant la lecture

• Je me demande pourquoi...
  - *Je me demande pourquoi un et onze font douze.*
  - *Je me demande pourquoi deux plus dix égale douze.*

• Qu'est-ce que j'ai appris jusqu'à présent?
  - *J'ai appris que trois et neuf font douze.*
  - *J'ai appris que cinq et sept font douze.*

Après la lecture

• Nomme quelques détails que tu as retenus.
  - *J'ai appris que quatre plus huit égale douze.*
  - *J'ai appris que six plus six égale douze.*

• Lis le livre à nouveau et cherche les mots de vocabulaire.
  - *Je vois le mot **plus** à la page 6 et le mot **égale** à la page 9. L'autre mot de vocabulaire se trouve à la page 14.*

$1+11=12$

$2+10=12$

$9+3=12$

$8+4=12$

$7+5=12$

$6+6=12$

Je peux additionner pour faire le nombre douze.

Un et onze font douze.

1

+

11

5

Deux **plus** dix font douze.

Trois et neuf
font douze.

Quatre plus huit **égale** douze.

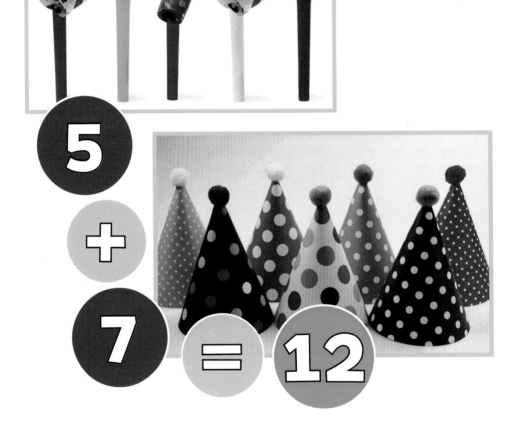

5 + 7 = 12

Cinq et sept font douze.

Six plus six
égale douze.

Il y a de nombreuses façons de faire douze à une **fête**.

Liste de mots
Mots courants

à	font	peux
deux	il y a	plus
dix	je	pour
douze	le	quatre
et	neuf	six
façons	nombreuses	trois
faire	onze	un

La boîte à mots

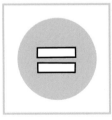
égale

fête

plus

Je peux additionner pour faire le nombre douze.

Un et onze font douze.

Deux **plus** dix égale douze.

Trois et neuf font douze.

Quatre plus huit **égale** douze.

Cinq et sept font douze.

Six plus six égale douze.

Il y a de nombreuses façons de faire douze à une **fête**.

Autrice : Christina Earley

Conception : Rhea Wallace

Développement de la série :
James Earley

Correctrice : Janine Deschenes

Conseils pédagogiques :
Marie Lemke M.Ed.

Traduction : Annie Evearts

Coordinatrice à l'impression :
Katherine Berti

Références photographiques :
Shutterstock : Rybalchenko : couverture, p.
1; Dmitry Zimin : p. 3; Ruth Black : p. 5 (haut);
Africa Studio : p. 5 (bas); Andrei Kuzmik : p.
7 (haut); Yeti Studio : p. 7 (bas); New Africa
: p. 8 (haut); Pixel-Shot : p. 8 (bas); yukihipo
: p. 9 (haut); hans.slegers : p. 9 (bas);
HomeStudio : p. 10 (haut); Holiday.Photo.
Top : p. 10 (bas); Joe Belanger : p. 11 (haut);
robert_s : p. 11 (bas; Lopolo: p. 13

JE PEUX FAIRE DES ENSEMBLES

Je peux faire

DOUZE

Crabtree Publishing Company

www.crabtreebooks.com 1-800-387-7650

Publié aux États-Unis
Crabtree Publishing
347 Fifth Avenue
Suite 1402-145
New York, NY, 10016

Publié au Canada
Crabtree Publishing
616 Welland Ave.
St. Catharines, Ontario
L2M 5V6

Imprimé au Canada/062021/CPC

**Catalogage avant publication de
Bibliothèque et Archives Canada**
Titre: Je peux faire douze / Christina Earley ; texte
   français d'Annie Evearts.
Autres titres: I can make twelve. Français. | Je peux faire 12
Noms: Earley, Christina, auteur.
Description: Mention de collection: Je peux faire des
   ensembles | Les racines de Crabtree | Traduction
   de : I can make twelve. | Comprend un index.
Identifiants: Canadiana (livre imprimé) 2021025789X |
   Canadiana (livre numérique) 20210257903 |
   ISBN 9781039604506 (couverture souple) |
   ISBN 9781039604568 (HTML) |
   ISBN 9781039604629 (EPUB) |
   ISBN 9781039604681 (livre numérique avec narration)
Vedettes-matière: RVM: Addition—Ouvrages pour
   la jeunesse. | RVM: Mathématiques—Ouvrages
   pour la jeunesse. | RVMGF: Documents pour la
   jeunesse.
Classification: LCC QA115 .E27514 2022 | CDD j513.2/11—dc23